艺术游戏力

安语（爱笑的田田儿） 编著

80个提升思维力+想象力+创新力+情绪管理的家庭游戏

人民邮电出版社

北京

图书在版编目（CIP）数据

艺术游戏力：80个提升思维力+想象力+创新力+情绪管理的家庭游戏 / 安语编著. -- 北京：人民邮电出版社，2024. -- ISBN 978-7-115-64821-1

Ⅰ. G613.7

中国国家版本馆 CIP 数据核字第 2024U5K940 号

内 容 提 要

这本书犹如一把神奇的钥匙，开启了充满创意与惊喜的亲子互动之门。这些游戏将艺术与游戏巧妙结合，旨在激发孩子的思维力、想象力和创新力，同时帮助孩子进行有效的情绪梳理。书中 80 个家庭艺术游戏简单易操作，所需材料多为日常生活中常见物品。无论是绘画、手工，还是角色扮演等游戏形式，都能让孩子在轻松愉快的氛围中得到全面发展。家长可以和孩子一起在游戏中探索艺术的魅力，激发孩子的无限潜能，让亲子时光变得格外美妙。

本书适合低年龄阶段的孩子家长、幼儿教师、早教工作者以及关注孩子成长和教育的相关人士。快来开启这场艺术与游戏的奇妙之旅吧！

◆ 编　著　安　语（爱笑的田田儿）
　责任编辑　许　菁
　责任印制　周昇亮

◆ 人民邮电出版社出版发行　　北京市丰台区成寿寺路 11 号
　邮编　100164　电子邮件　315@ptpress.com.cn
　网址　https://www.ptpress.com.cn
　北京九天鸿程印刷有限责任公司印刷

◆ 开本：700×1000　1/16
　印张：8　　　　　　　　　　2024 年 12 月第 1 版
　字数：180 千字　　　　　　 2024 年 12 月北京第 1 次印刷

定价：59.80 元

读者服务热线：(010)81055296　印装质量热线：(010)81055316
反盗版热线：(010)81055315
广告经营许可证：京东市监广登字 20170147 号

使用说明

使用本书时，家长、教师等读者可以根据孩子的年龄、兴趣以及实际情况，选择合适的游戏进行亲子互动或课堂教学。

每个游戏都有详细的步骤说明和目标指引，确保您能轻松开展。比如在进行绘画类游戏时，可以先为孩子准备好各种绘画工具，如彩笔、颜料等，然后按照游戏步骤引导孩子发挥想象力进行创作。对于手工类游戏，提前收集好所需材料，如纸张、剪刀、胶水等，在制作过程中鼓励孩子动手尝试，培养他们的动手能力。

需要特别注意的是，本书的后三章为电子章节，您可以通过扫描书中提供的二维码进行下载。这样的设计方便随时随地阅读和使用，不受纸质书携带的限制，无论是在家中、户外还是旅途中，都能随时开启亲子游戏时光。同时，电子章节的更新和维护更加便捷，我们可以根据读者的反馈和实际需求及时进行优化和改进，从而提供更好的阅读体验。

欢迎各位家长、教师以及关心孩子成长的朋友们积极使用本书，让我们一起在艺术游戏的世界里，陪伴孩子茁壮成长，开启一段充满创意与欢乐的成长之旅。

目录
● Contents ●

第1章
视觉之美

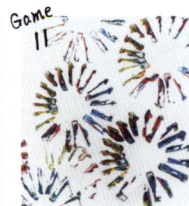

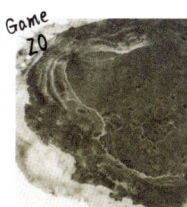

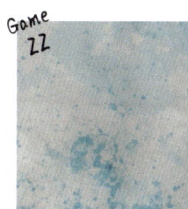

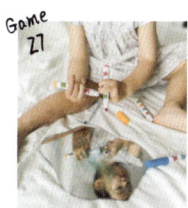

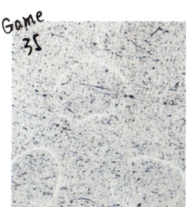

第2章
听觉之美

第3章
触觉之美

第 4 章
嗅觉和味觉之美

第 5 章
运动之美

（扫码看电子章节）

Game 59 — 游戏 59 遥控舞

Game 60 — 游戏 60 粉刷舞

Game 61 — 游戏 61 动物舞

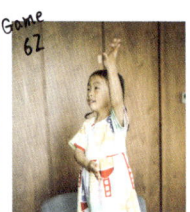

Game 62 — 游戏 62 跟着鼓点跳

Game 63 — 游戏 63 落踢气球

第6章
自然之美

（扫码看电子章节）

Game 64 — 游戏 64 自然物涂鸦

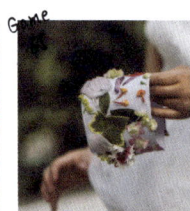

Game 65 — 游戏 65 大自然手环

Game 66 — 游戏 66 树叶拓印画

Game 67 — 游戏 67 水中花

Game 68 — 游戏 68 冰中花

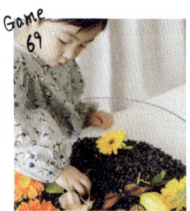

Game 69 — 游戏 69 大自然感官盒

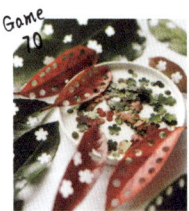

Game 70 — 游戏 70 树叶打孔

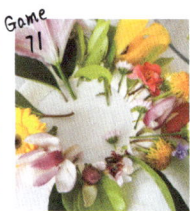

Game 71 — 游戏 71 大自然花环

Game 72 — 游戏 72 万物皆有"眼"

第7章
语言之美

（扫码看电子章节）

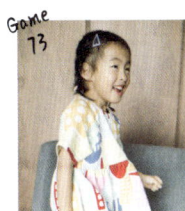

Game 73

游戏 73
模仿发声游戏

Game 74

游戏 74
讲故事

Game 75

游戏 75
手偶游戏

Game 76

游戏 76
戏剧游戏一：认识情绪和表达情绪

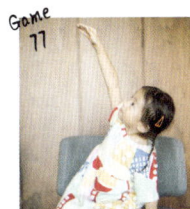

Game 77

游戏 77
戏剧游戏二：如果我是一只动物

Game 78

游戏 78
戏剧游戏三：想象我在一个地方（以海洋馆为例）

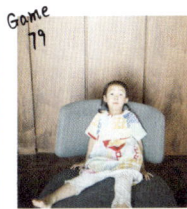

Game 79

游戏 79
戏剧游戏四：机器人

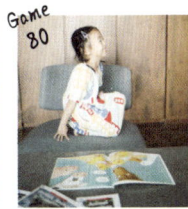

Game 80

游戏 80
戏剧游戏五：一个故事

第1章

视觉之美

游戏01
气球涂鸦

● **游戏意义**

光滑的气球表面也可以作为画布，让小朋友尽情挥洒，感受不同于纸张的涂鸦质感。用手中的画笔来装饰这些略显单调的气球吧！涂涂抹抹间可以锻炼小朋友的感官认知（视觉、触觉、听觉）、颜色认知（混色）、手眼协调和精细动作（对于气球、画笔的控制和协调）。

● 使用工具

气球

可水洗手指画颜料

笔刷

颜料盘

● 游戏过程

① 把气球吹成合适的大小。

② 将颜料倒在颜料盘中。

③ 用笔刷蘸取颜料，以气球为画布，开始创作。

● 注意事项

① 对于小月龄宝宝，如果在涂鸦的同时控制气球有难度，家长可以将气球固定住，
或用绳子悬挂在空中，以降低游戏难度。

② 气球有爆炸的风险，游戏需要在家长的监护下进行。

内容延展 尝试变换涂鸦工具，可以把笔刷替换成手指、水彩笔、海绵
刷、牙刷等。

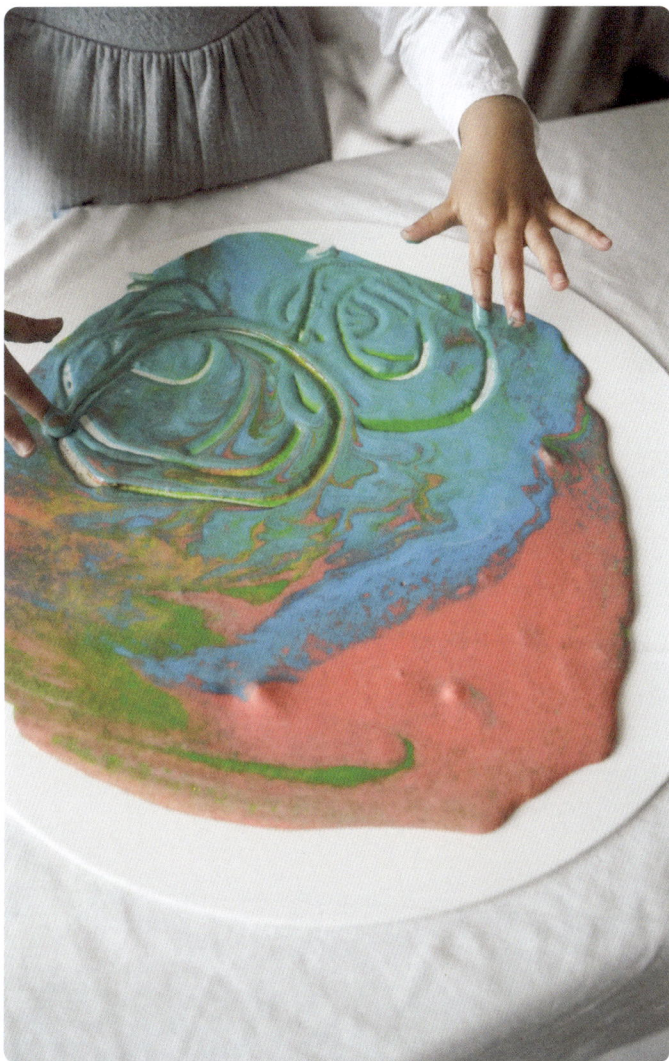

游戏02
流体画

● **游戏意义**

流体画，是"流动的艺术"。不同于传统的绘画，艺术家们只需要把处于流动状态的颜料倒在画布上，成品的不可预测性让这种艺术创作形式充满魅力。流体画游戏不需要任何绘画技巧的训练，即使是小朋友也可以创造出"大师级"的作品。

● 使用工具

面粉

玉米淀粉

水

食用色素

棉布画板

玻璃杯

● 游戏过程

1. 在几个玻璃杯内分别加入适量的面粉和玉米淀粉（比例约3：2）。
2. 加入适量水，将混合物搅拌成稀稠的酸奶状。
3. 在不同玻璃杯内，分别滴入食用色素，搅拌。
4. 将不同颜色的颜料依次倒入杯中。
5. 将混色后的颜料倒在画布上。
6. 晃动画布，观察颜料的流动。

● 注意事项

以上配方适用于还处在口欲期的宝宝，对于3岁以上的小朋友，可以使用专门的流体画颜料，效果会更好。

内容延展

等流体画完成之后，还可以请小朋友们用小手摸一摸颜料，体验这种特殊的触感。

游戏03
卡片刮画

● **游戏意义**

刮画是有趣的新型创作形式，使用家中已有的生活物件，就可以完成"大师级"的作品。小朋友可以在刮画创作的过程中感知这种独特创作方式下，颜色的变化和融合的规律，以提升小朋友的色彩感知力。

手指画颜料

卡片

棉布画板

① 选取2~3种手指画颜料，挤在棉布画板中间。

② 拿着卡片，从上而下或从左向右，朝一个方向，平稳地刮下来。

• **注意事项**

颜料颜色可以是同色系，也可以是撞色设计。

内容延展

让我们一起放开了玩吧，尝试自由的刮画艺术。游戏中也可以把卡片替换成梳子等。

游戏04
蛋壳画

● **游戏意义**

小朋友都喜欢敲敲打打和制造"凌乱"。蛋壳在小锤子的作用下破裂开，伴随着"咔咔"的蛋壳破碎声，里面的颜料迸溅出来，让人惊叹！敲敲打打的过程中还可以感受混色的变化。不必在意结果，过程本身就充满了趣味性。

- **使用工具**

蛋壳
手指画颜料
水彩纸
小锤子

- **游戏过程**

1. 在蛋壳内倒入不同颜色的颜料。
2. 把蛋壳放在纸上，用锤子锤碎蛋壳，观察颜料迸溅出来的过程。

- **注意事项**

在使用锤子的过程中要注意安全哦。

内容延展

若在更宽阔的场地进行这项游戏（比如户外），试试直接把装了颜料的蛋壳砸向纸面，看看是否会有不一样的效果。

游戏05
滴管画

● **游戏意义**

万物皆可做画笔，用滴管画画也是一种很有意思的作画方式。通过这样的方式，小朋友可以感知到水流动的特性。滴管可以在纸上飞溅、晕染出漂亮的线条和色彩，整个过程加深了小朋友对颜色和线条的感知，同时小朋友手指的灵活度和精细动作也得到了锻炼。

● **使用工具**

滴管

杯子

色素

水

宣纸

● **游戏过程**

① 在杯子中倒入色素和水，搅拌均匀。

② 用滴管吸取各种颜色的水。

③ 把滴管中的水随意地滴到宣纸上，在宣纸上开始创作。

● **注意事项**

整个游戏过程中，小朋友只需要选出颜色，然后滴到纸上即可。不需要告诉他们应该滴成特定的点、线、几何图形等形状。让创造力来引导一切，顺其自然，让他们自己探索就好。

内容延展

创作完成后，引导小朋友发挥想象力，看看纸上的图案像什么？还可以讲一个关于这个图案的生动有趣的故事。

游戏06
浴缸涂鸦

● **游戏意义**

小朋友似乎天生喜欢把一切弄得脏脏乱乱。想找一种干净的方式玩涂鸦？来一次浴缸艺术创作吧！任何的脏乱都会被一冲而净。这将会是一场奇妙的艺术感官体验，当然，也能让妈妈好好休息一下。

• 使用工具

调色盘

颜料

浴缸

笔刷

• 游戏过程

① 准备好调色盘及颜料，把小朋友放进浴缸。

② 鼓励他们用手脚或笔刷等各种工具，开始创作吧。

• 注意事项

① 对于尚在口欲期的宝宝，可以选择用酸奶或玉米淀粉和食用色素混合，自制可食用颜料。

② 根据小朋友的年龄，设立合适的预期和边界。比如，对于两岁的小朋友，可以提出规则，如在浴缸内画画。

内容延展 鼓励小朋友手脚并用，尝试各种触手可及的日常道具，比如海绵、美妆蛋、废旧牙刷等。

游戏07
美纹纸创意画

● 游戏意义

如果觉得只是涂鸦略显单调，那就让美纹纸来加入一些不一样的创意。小朋友天生喜欢黏黏的东西，配上海绵独特的纹理，揭下美纹纸的瞬间，也是"大作"诞生的奇迹时刻。

使用工具

美纹纸

胶带

画板

可水洗手指画颜料

颜料盘

海绵

游戏过程

1. 将美纹纸贴在画板上，可根据喜好贴出任意形状。
2. 用海绵蘸取颜料，自由涂鸦。
3. 涂鸦完毕后，等颜料自然风干，再揭下美纹纸。

注意事项

1. 尽量选择安全、无毒的食用级颜料，防止宝宝在创作过程中误食。
2. 大宝宝可以尝试贴、撕美纹纸的过程。

内容延展

尝试变换涂鸦工具，把海绵替换成手指、棉签等。

游戏08
气球印章

● 游戏意义

这又是一个融合了涂鸦和气球元素的游戏，无关结果的对或错，让小朋友尽情享受气球在小手的控制下，和纸张碰撞出纹理的过程，让想象力在气球的弹跳间飞舞。进行游戏的过程还可以锻炼小朋友的感官认知（视觉、触觉、听觉）、观察力、颜色认知力（色彩认知和混色），以及手眼协调、精细动作（对于气球的抓握和控制）和手指灵活度。

大画纸
各种各样的气球
可水洗手指画颜料
颜料盘

• 游戏过程

① 根据纸张尺寸，把气球吹成合适的大小。

② 用气球蘸取颜料作为画笔，开始创作吧。

③ 可以吹出不同大小、形状的气球，在纸上
  创作，可呈现出不同的效果。

④ 游戏可以根据不同大小的纸张在不同的地
  点进行，如桌面、地面、户外等。

• 注意事项

气球不宜吹得过大，这样比较安全，也方便小朋友抓握。

内容延展 在创作过程中，可以尝试气球和颜料的配对游戏，如用绿气球蘸取绿颜料；也可以观察颜色的混色过程。这无形中又体验了一堂颜色认知课！

游戏09
吹风机流体画

● **游戏意义**

用一只吹风机，就可以在几秒之内，给流体画加上令人惊叹的效果！
借助吹风机强大的吹力，颜料向四周恣意扩散开去。小朋友们一定会
被颜料流动的过程所吸引，整个过程观察起来趣味十足。

- **使用工具**

流体画颜料（参见游戏2的制作步骤）
棉布画板
吹风机

- **游戏过程**

① 按游戏2的步骤制作好流体画颜料。

② 将颜料倒在画板上。

③ 拿起吹风机，对着颜料。尝试各种角度和风力大小，吹动颜料，让颜料在画板上四处飞舞吧！

- **注意事项**

对于大一点的小朋友可以使用专用的流体画颜料，效果会更好。

内容延展

在使用吹风机的过程中，让小朋友们探索和观察：如何通过改变吹风机的位置、角度和风力大小，使颜料被吹得远一些或近一些？颜料的多少是否会影响它的流速？

游戏10
棉线滴画

● **游戏意义**

抽象画大师们的作品风格和创作方式，是低幼宝宝艺术启蒙的优质灵感来源。杰克逊·波洛克（Jackson Pollock）以画风自由不羁的滴流画闻名。仿照这位大师的作画方式，以棉线为作画工具，拿着小木棍，一边跳舞一边创作吧。棉线在纸上跳动、扭动、拖拽，小朋友会尽情享受这个有趣的艺术过程。

● 使用工具

棉线

手指画颜料

水粉纸

纸盒

调色盘

小木棍

● 游戏过程

1. 将颜料挤在调色盘中，再将棉线拴在小木棍上。
2. 小朋友拿着小木棍，控制棉线蘸取颜料。
3. 让棉线在盒子内恣意舞动起来吧！此时，颜料也会随之飞溅、泼洒，在纸上形成奇妙的图案肌理。

● 注意事项

颜料需要具有一定的稠度和流动性，如果过于浓稠，可以用水稀释。

内容延展

试着观察不同形态下的棉线，在纸张上印出的不同效果。比如：打结的棉线、跳动的棉线、扭动的棉线、被"拖着走"的棉线……

游戏11
画一场 "烟花"

● 游戏意义

依照节日来给宝宝们安排游戏，也是一种不错的方式。这个 "烟花游戏" 就很适合在春节进行！对于小宝宝而言，用硬纸筒在纸上 "戳" 的过程，可以让小朋友体会到奇妙的因果关系。这个游戏可以培养小朋友的创造力、想象力、精细动作、手眼协调和语言能力，小朋友也可以在游戏的过程中认知颜色、感受混色。

• 使用工具

硬纸筒（卷纸纸芯、保鲜膜纸芯等）

剪刀

纸

手指画颜料

调色盘

• 游戏过程

1. 把硬纸筒的一边剪成细条，再将颜料挤在调色盘上。
2. 用硬纸筒蘸取颜料，像盖章一样，直接在纸上拓印，开始画一场"烟花"吧！

• 注意事项

1. 颜色的数量不需要太多，建议不要超过4种。较少的颜料可以让小朋友更充分地感知混色，创造出更多种类的颜色。另外，颜色太多很容易混合成"脏脏"的黑色。
2. 细纸条在沾到颜料之后，很容易变软、变形，所以在涂鸦开始前尽量避免纸筒接触到颜料。

内容延展

1. 尝试收集不同大小的纸筒，剪出不同形状的"烟花"！
2. 尝试使用单色多次和多色多次的叠加方式，创造出更丰富绚烂的"烟花"。

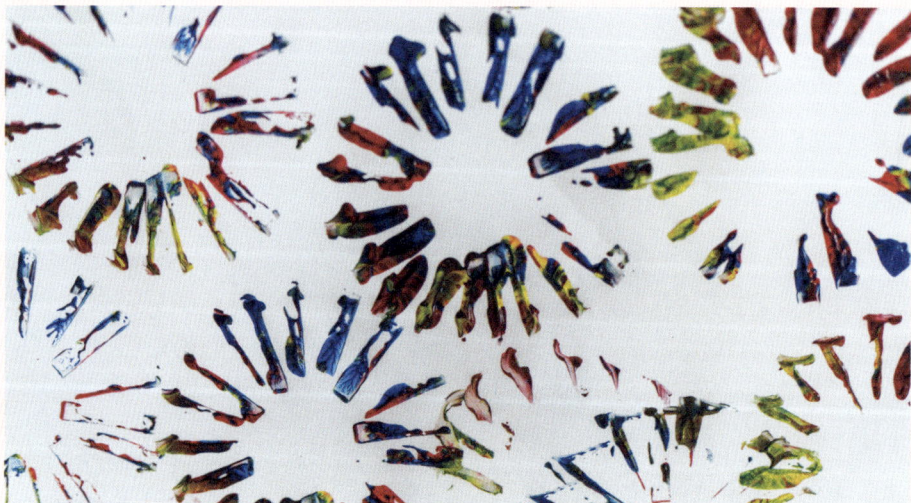

游戏12
水影画

● **游戏意义**

　水影画，是一种使用水和油性颜料，运用水油分离原理作画的绘画形式。颜料在水面上流动、伸展，每一滴油彩都能变化出不同的效果，每一个绘画动作都会影响最终的呈现效果，每幅作品都具有独一无二的美。今天介绍一个简易版的水影画画法，使用生活中触手可及的工具，更方便，也更安全，很适合小宝宝参与。

食用色素

婴儿油

水

滴管

收纳盘

水彩纸

• 游戏过程

1. 将食用色素滴入婴儿油中，并充分搅拌。
2. 用滴管吸取调好的彩色婴儿油，随机地滴在水中。
3. 待水面形成理想的肌理之后，用水彩纸轻铺在水面上，将水面上的纹理拓印保存。

• 注意事项

也可以使用色粉代替食用色素；食用色素或色粉和油调和得越均匀，效果越好。

内容延展　对于已经可以熟练掌握工具的小朋友，可利用梳子、牙签等工具来使水面的纹理更丰富好看。

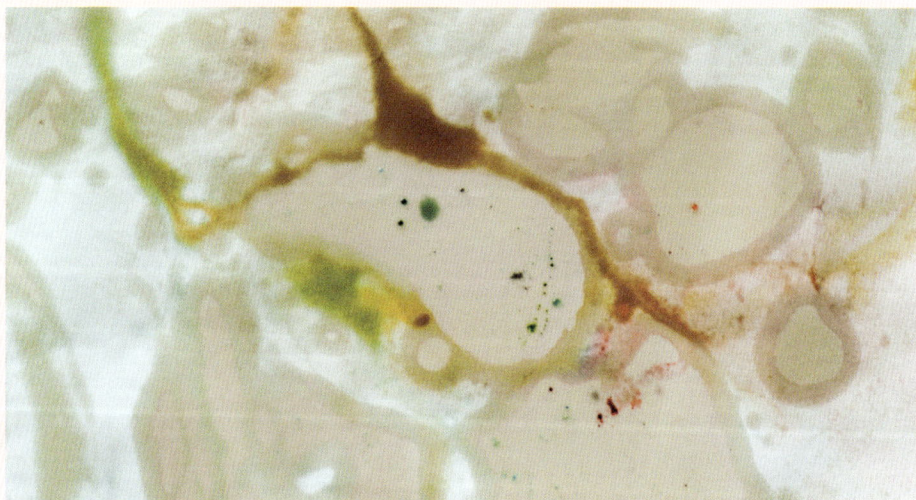

游戏13
扎染画

● **游戏意义**

扎染画创作，是经典的过程艺术。简单的几个动作，却可以创造出风格迥异的色阶渐变、色纹肌理等神秘莫测的色晕效果。创作过程可以锻炼小朋友的精细动作、认知颜色和混色，整个过程充满了乐趣、对成品的期待感和惊喜感。打开纸张看到成品的那一刻，就是小朋友感受到艺术奇妙变化、轻灵脱俗的时刻。

- **使用工具**

滴管

食用色素（或液体水彩颜料）

水

盛放颜料的容器（这里使用了冰格）

宣纸

橡皮筋

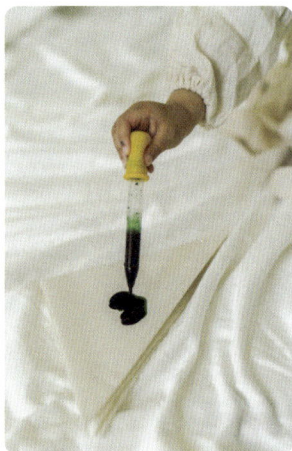

- **游戏过程**

1. 将方形宣纸多次沿对角对折，折成小三角形，根据需要使用橡皮筋固定。再将色素滴入水中搅拌均匀。

2. 吸取不同颜色的水，随意滴在小三角形的纸上。

3. 等颜色完全在宣纸上晕染蔓延后，再将纸张展开。一起来欣赏这幅"大作"吧！

- **注意事项**

1. 纸张可以选择吸水性好、易晕染的纸，除了宣纸，还有棉柔巾、厨房纸都是不错的选择。

2. 颜色不用选择太多种，2~3种足矣。多种颜色叠加在一起容易形成"脏脏"的黑色。

内容延展　尝试变换折叠宣纸的方式（叠成方形、三角形，或卷成条状等），观察不同折叠方法下，扎染画呈现效果的不同。

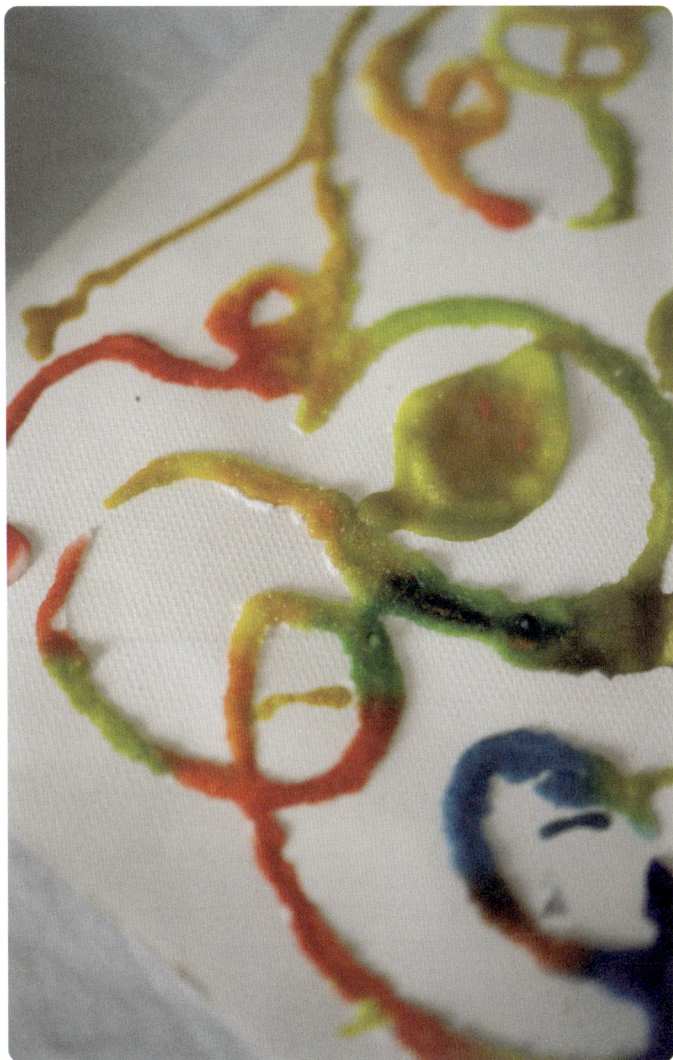

游戏14

盐渍画

● **游戏意义**

这是一个将科学和艺术巧妙结合的小游戏。盐具有从环境中吸收水分的能力，利用这种吸水性，我们可以观察到盐吸收色彩的奇妙过程。使用滴管和笔刷小心翼翼上色的过程，充分地锻炼了小朋友的精细动作。

• 使用工具

盐
食用色素
水
滴管
笔刷
白胶
水彩纸

• 游戏过程

1. 在纸上用白胶自由地画一些线条或图案，最好有一些交叉，这样在上色的时候会更有乐趣。
2. 在白胶上撒上盐。等白胶上沾满盐之后，把多余的盐倒掉。
3. 用滴管吸取调制好的色素水，并把彩色的水滴在盐上。这一步骤也可以使用笔刷直接蘸取颜色。仔细观察盐吸收颜色的过程，在盐与盐的交叉处，色彩会沿着各个方向蔓延，非常奇妙。

• 注意事项

如果想保存作品，可以将作品晾干，大概需要1~2天。

内容延展

1. 使用这种白胶、盐、色彩的组合，我们可以尝试各种各样的东西，如字母、数字、涂鸦、笑脸、名字等。
2. 对于3岁以上的小朋友，可以尝试对比思考，糖也有这种吸水性吗？糖和盐有一样的效果吗？

游戏15
海绵画

● **游戏意义**

诗意的艺术家保罗·克利（Paul Klee）会使用简单的几何色块，排列出极其有序和谐的效果。以此为灵感，我们用海绵来试一下吧。因为海绵具有吸收水分的能力，这让小朋友对它有天然的好奇，吸收颜料后的海绵，在纸面上会形成有趣的肌理。这个游戏可以锻炼到小朋友对颜色和混色的感知能力，以及精细动作能力。

● 使用工具

海绵

剪刀

调色盘

水彩纸

颜色

● 游戏过程

1. 把海绵剪成方块形状。
2. 用海绵蘸取颜料，将海绵按压在纸上，按此方法，开启属于自己的海绵创作吧。

● 注意事项

1. 刚开始大人可以演示一遍给小朋友看：如何把海绵蘸湿、如何把多余的水分挤出。并向他们解释，如果海绵的水分太多，画面中的颜料会滴落，画面也会过湿。
2. 如果想形成完整的正方形，海绵接触纸面后不需要移动，注意整个按压过程平稳而果断。

内容延展

1. 尝试用不同形状的海绵作画。
2. 思考并观察：用海绵混合不同的颜色，会发生什么？

游戏16
蜡笔印画

● **游戏意义**

白色蜡笔似乎总是无用武之地，而这次终于轮到它当主角了。利用蜡笔不溶于水的特性，在纸面涂上颜料的那一刻，可以看到白色蜡笔留下的印记，太神奇了！通过这个游戏，小朋友可以体会到不同材质的画笔，在纸上呈现出的不同效果。

白色蜡笔

颜料

水

笔刷

水彩纸

① 用白色蜡笔在水彩纸面上，画出一些线条和图案。

② 用笔刷蘸取颜料，盖色，观察纸面上出现的神奇印记。

● **注意事项**

颜料选用水粉颜料，效果为佳。

内容延展

运用蜡笔留痕的原理，可以尝试把字母、数字、小朋友姓名等"藏在"纸上，进行挖宝游戏！

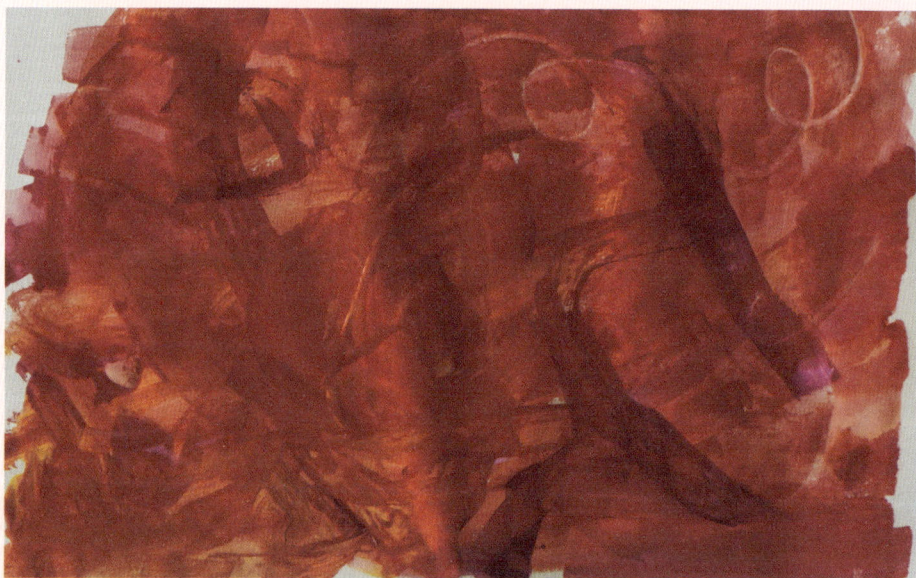

游戏17
褪色印染画

● **游戏意义**

不同于传统的涂料上色的画法，这个游戏借助了皱纹纸吸水掉色的原理。在揭开皱纹纸之前，我们都不知道效果是怎样的。充满惊喜感的不确定性，也是这个游戏的魅力所在。

● 使用工具

皱纹纸

固体胶

笔刷

水

水彩纸

剪刀

● 游戏过程

1. 将皱纹纸剪成想要的形状，粘在水彩纸上。
2. 用笔刷蘸水，涂在水彩纸上的皱纹纸上。
3. 将皱纹纸撕掉，看看效果吧。

● 注意事项

撕下皱纹纸之前，可以用纸巾吸掉多余水分，这样撕的时候会更方便。

内容延展

1. 可以用颜料在皱纹纸上涂一层，等待颜料透过皱纹纸洇出来，效果也是相似的。
2. 还可以将笔刷替换成喷壶。

游戏18
在盐上画画

● **游戏意义**

没有宝宝会拒绝水！当色彩加入了水，创作过程会变得更有趣。利用盐吸水的原理，我们来玩这个充满乐趣的过程艺术游戏。用滴管作画的方式会让小朋友感到新鲜，使用滴管的过程也可以锻炼小朋友的精细动作和手指肌肉。

• **使用工具**

食用色素

水

盐

托盘

滴管

• **游戏过程**

1️⃣ 将盐铺在托盘底层。

2️⃣ 用滴管吸取颜料，滴在盐上，开始作画。观察盐吸收颜色的过程。

• **注意事项**

宝宝在24个月左右学会使用滴管，在初次接触滴管时，给他们一些时间独立自由探索。可以准备一些自来水，让小朋友试着练习和协调动作，去完成整个挤压吸水—拿住—挤压释放的过程。

内容延展　下雪天的时候，可以把盐换成雪试一试，会有类似的效果。

游戏19

剃须膏涂鸦

● 游戏意义

剃须膏是家庭中触手可得的艺术材料，小朋友都会对它特殊的质感欲罢不能。剃须膏与色彩融合会形成大理石般的彩色纹理，整个过程艺术创作伴随着绝佳的视觉和触觉感官体验。

- **使用工具**

剃须膏

食用色素

容器

一些小工具（木棍、棉签、动物模型等）

- **游戏过程**

① 将剃须膏挤满容器底部。

② 滴入几滴色素，均匀分布在剃须膏上。

③ 利用小工具或直接上手，以剃须膏为画布，开始过
程艺术创作。

- **注意事项**

① 在选择剃须膏时，要注意是泡沫型的而非啫喱型。同时建议选择用适合敏感肌肤
的类型。

② 关于颜色的选择：剃须膏可以混入各种颜料，如液体水彩颜料、手指画颜料、丙
烯等。对于小月龄的宝宝，可以使用食用色素或比较安全的手指画颜料。

内容延展

① 你可能会发现，剃须膏中藏着很多小动物、小花小草，发挥
想象力，说说发现了谁？

② 这是一个可以持续玩的游戏，一开始可以选择2~3种颜色，
当画面已经足够丰富时，可补充新的剃须膏，再添加新的颜
色。同样可以尝试在剃须膏表面覆盖纸张，像彩色大理石般
的纹理就会被保存在纸面上，变成一幅剃须膏画。

游戏20
水墨拓印画

● **游戏意义**

一滴墨汁滴入水中，会氤氲开来，形成奇妙的形状，曼妙有趣。在这个过程中，小朋友可以初探国画的水墨韵味和美感。拓印出的纹理就是一幅风景，我们可以从里面看到千变万化，以及各种想象。

水

水缸

墨汁

宣纸

● 游戏过程

① 在水中滴入几滴墨汁。

② 把宣纸快速、轻轻地覆盖在墨汁表面，让水墨充分吸附在宣纸表面。

③ 拎起宣纸，仔细观察。

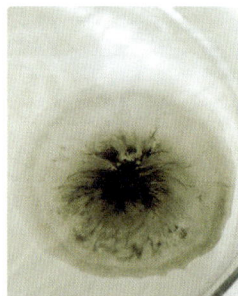

● 注意事项

① 滴墨的时候要小心，不要滴太多，也尽量避免到处甩。

② 拓印完成后，将宣纸放在报纸上等其自然风干。

内容延展

① 观察墨汁在宣纸上形成的形状，说说它像什么？

② 发挥想象力，使用画笔、棉签、颜料等进行适当添画。

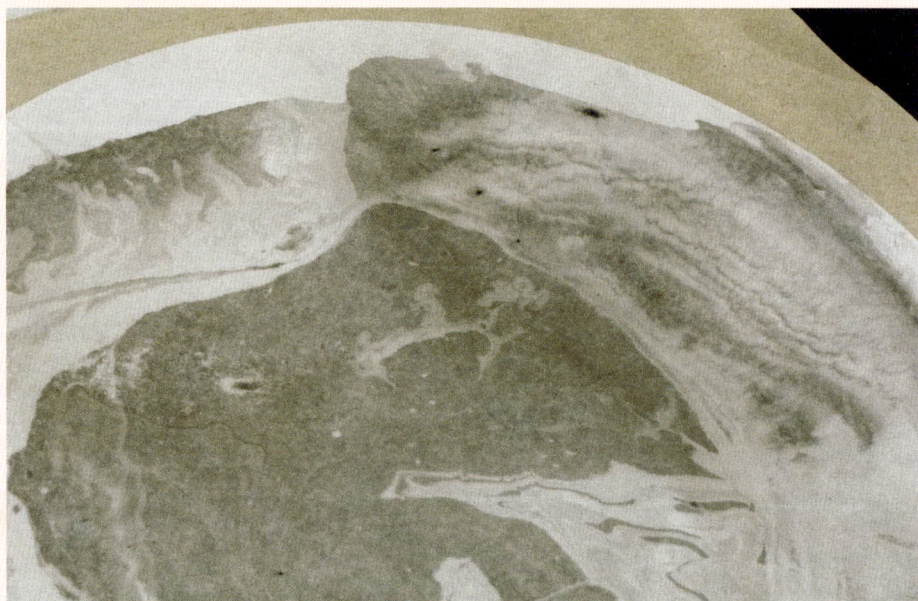

游戏21
乐高涂鸦

● 游戏意义

除了使用常规的作画工具（如笔刷、画笔等），有时也可使用一些日常物品进行艺术创作，会有特别的趣味和意想不到的收获。用小朋友都喜欢的乐高来画画，是一番新奇的体验！规整方正的积木本身就独具几何美感，乐高表面凸起的部分在纸面上印出特别的图案，创作画风充满童趣和独特性。

● 使用工具

画纸

手指画颜料

乐高

调色盘

● 游戏过程

1. 在调色盘中挤入颜料。

2. 用乐高蘸取颜料，作为画笔，在纸上按压，开始创作。

● 注意事项

1. 提前搭配好形状各异的几块乐高。让小朋友自己选择用哪块乐高。

2. 第一次用乐高画画，家长可以先演示一遍创作方法。

3. 在不打扰创作专注的前提下，描述小朋友们正在做什么，描述他们画出的形状、颜色，这对于小朋友的语言发展大有裨益。

内容延展

发挥想象力，你用乐高画出了什么？火车、毛毛虫，或是某个字母？

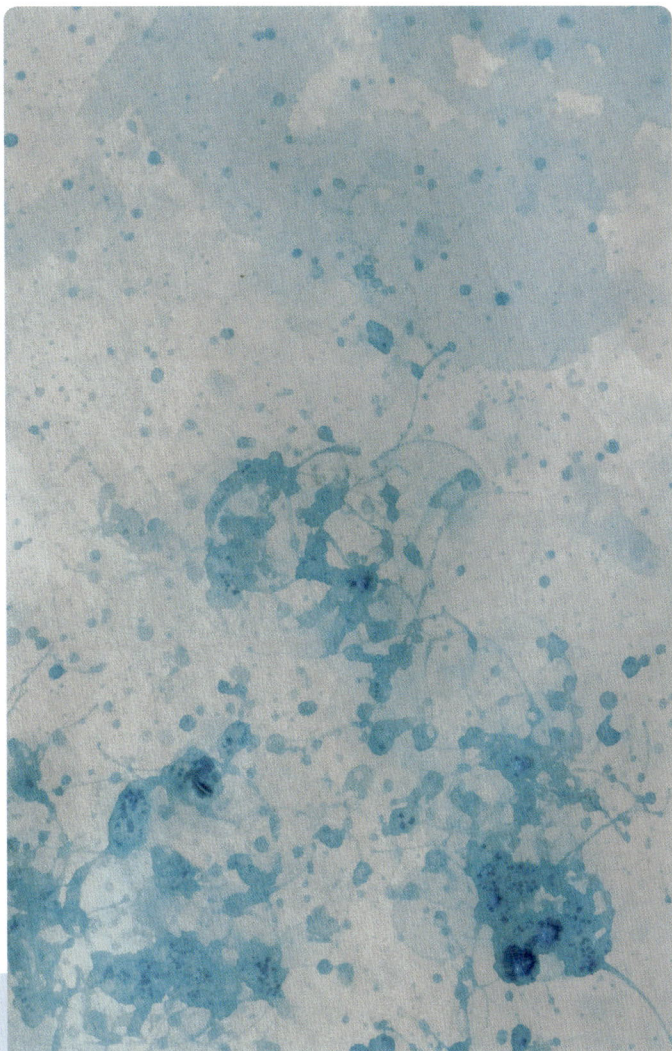

游戏22
泡泡印画

● **游戏意义**

没有小朋友会不爱泡泡！运用泡泡接触纸面后会破裂的规律，我们可以得到一幅美妙的抽象画。泡泡破裂的瞬间，在纸面上形成深深浅浅的肌理，形状统一，而大小、层次丰富，让人感受到泡泡破裂瞬间迸溅的美。整个创作过程充满了乐趣和惊喜。

泡泡液

食用色素

吸管

水

容器

● 游戏过程

① 在水中滴入食用色素。

② 再将泡泡液加入水中，搅拌均匀。

③ 用吸管在水中吹出丰富的泡泡。

④ 将纸快速覆盖在泡泡表面，再移开，会得到一张由泡泡印出的抽象画。

● 注意事项

对于小月龄的宝宝，出于安全考虑，吹泡泡这一步骤由家长完成。

内容延展　试试直接将含有色素的泡泡往纸上吹，会得到类似的效果。

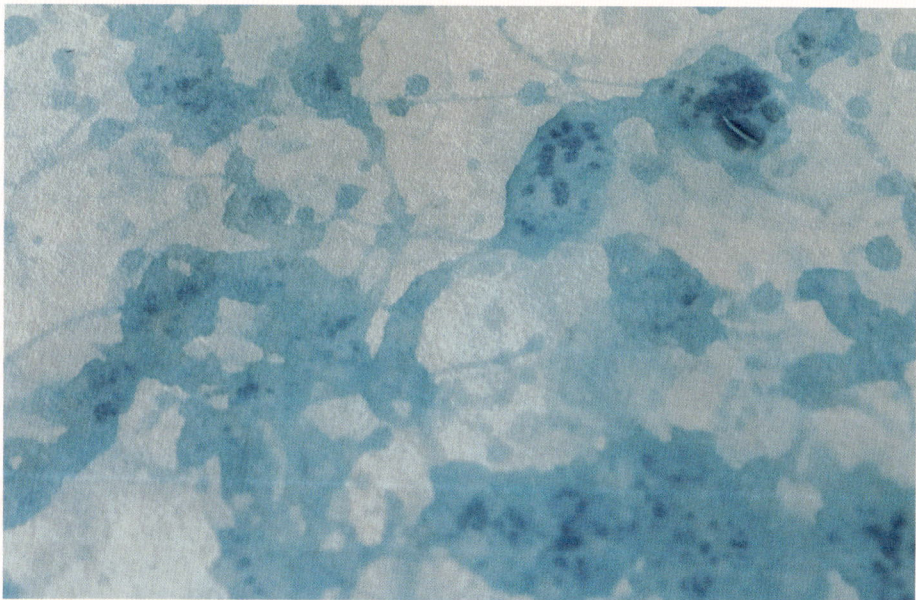

游戏23

流动的画布

● 游戏意义

这是一个结合了科学和艺术的小游戏。白色的牛奶成为了流动的"画布"，加入洗洁精的"魔法"，让颜色也变得灵动活泼起来。在创作过程中，小朋友可以体会到色彩扩散、流动和混合的美妙。除了视觉感官层面的神奇体验，这个游戏也可以锻炼到小朋友手指的精细动作。

牛奶
食用色素
洗洁精
棉签
容器

① 在牛奶中滴入不同颜色的食用色素。
② 用棉签头蘸取少量洗洁精,再触碰牛奶表面的色素。色素会迅速扩散开,形成特殊的肌理效果。

● **注意事项**

要养成不浪费食物的好习惯,游戏时尽量使用家中快过期的牛奶哦。

内容延展

① 创作完成后,还可以加入动物模型等玩具,做一个地球主题的感官盆。
② 对于大宝宝,可以向他们解释这个游戏的科学原理:色素密度比牛奶小,会浮在牛奶表面,而洗洁精含有表面活性剂,会破坏牛奶表面的张力,使牛奶产生翻滚运动,带动色素一起运动,进而形成美丽的图案。

游戏24
杂志拼贴画

● 游戏意义

拼贴画的制作，简单而有趣。使用最普通的材料，如包装纸、门票、杂志、旧书等，旧物也可以重新被赋予灵性和活力。使用拼贴的方式，人人都能成为艺术家。利用一根胶棒，又可以将小朋友内心构建起的有趣故事重新呈现。 打碎又重组，在拼拼凑凑的过程中，我们可以体会到这种现代艺术技法的美妙。对于小朋友而言，拼贴相比直接在一张白纸上画画的创作方式，更容易上手，也更容易建立创作的自信和成就感。使用剪刀和胶棒也有助于小朋友手部肌肉和灵活度的锻炼。

旧杂志
剪刀
胶棒
白纸

• **游戏过程**

1. 将旧杂志依喜好剪成各种形状和大小的碎片。
2. 用胶棒将碎片逐一重新拼贴在白纸上,形成一幅新的作品。

• **注意事项**

对于还不会使用剪刀的宝宝,剪纸的步骤需要由父母完成。

内容延展

发挥创造力,拼贴的方法可以融入到各种各样的创作中。比如,把用剪刀剪改为手撕,用碎布、树叶代替杂志等。

游戏25
浴球画

● **游戏意义**

这是一个即使是刚学会坐的小宝宝也可以玩的游戏。浴球很便于小宝宝抓握，蘸取颜料后的浴球在纸面上会形成丰富有层次的肌理。浴球的材质带给小手以丰富的触感体验，在创作过程中亦能带来混色、肌理变化等视觉冲击。

● **使用工具**

手指画颜料

调色盘

浴球

纸

● **游戏过程**

1. 在调色盘中挤入颜料。
2. 使用浴球作为工具，蘸取颜料，开始创作。

● **注意事项**

对于小月龄的宝宝，可以简化游戏流程，把颜料直接挤在纸面上。

内容延展

尝试侧重于不同的角度来进行游戏，如混色、不同材质浴球的对比、不同大小浴球的对比等。

游戏26
羽毛画

● 游戏意义

这是小朋友们都很喜欢羽毛的柔软触感，一个有趣的艺术游戏。羽毛不仅是很好的触觉感官训练工具，同样也是拓印的绝佳工具，蘸上颜料后，羽毛独特的材质在纸面上呈现出丰富自由的随机线条，拓印出细腻的纹路，给人带来独特的视觉美感。

● **使用工具**

羽毛

手指画颜料

调色盘

纸

● **游戏过程**

① 在调色盘中倒入颜料。

② 以羽毛为画笔或拓印工具，蘸取颜料，在纸面上开始创作。

● **注意事项**

选用形态各异的羽毛，长短、大小、软硬等各不相同。

内容延展

① 在创作的过程中，引导小朋友观察：当使用不同的羽毛时，纸面上呈现的线条有何不同？

② 尝试另一种玩法：直接在纸面上滴几滴颜料，用羽毛将它们扩散开来。

游戏27
镜子涂鸦

● **游戏意义**

小宝宝自出生起就对镜子充满好奇。镜子虽是日常物件，但却启发了我们对透视、空间、光线等绘画技法的探索。在镜子上涂鸦，更是一种新奇的视觉和触觉体验。一起来感受镜子涂鸦的魅力吧。

● **使用工具**

镜子
画笔（可水洗水彩笔、马克笔、
玻璃专用蜡笔等）

● **游戏过程**

选用可水洗的马克笔或水彩笔，更方便
清洗，要想达到更好的效果，可以使用
玻璃专用蜡笔。

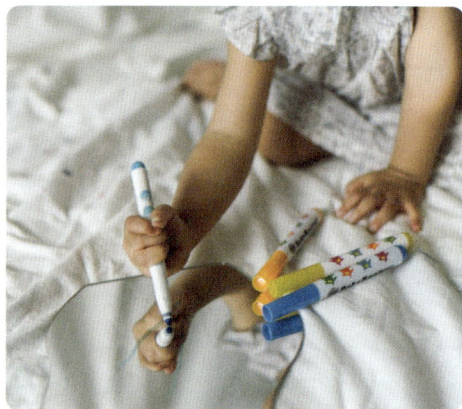

● **注意事项**

拿出一面镜子，用画笔在镜面上涂鸦。

内容延展 以镜子为底板，可以在上面进行各种各样的游戏，如搭积木，
玩过家家等。镜面效果会让小朋友觉得既新奇又放松，还可以
帮助小朋友感知对称现象。

游戏28
五彩水珠

● **游戏意义**

在蜡制的防水纸上，水珠会保持完好的形态而不被吸收。我们可能很
难向小朋友解释这种纸张材质为何如此特殊，但神奇的现象却亲眼可
见。五彩斑斓的小水珠充满了童趣和艺术感，小心翼翼地向纸面上滴
水珠的过程也能很好地锻炼小朋友的精细动作。

• 使用工具

烘焙硅油纸

食用色素

水

托盘

滴管

• 游戏过程

把硅油纸放在托盘上，用滴管吸取食用色素制成的彩色水，在纸面上滴小水珠，开始创作。

• 注意事项

想要形成干净利落的完整小水滴，滴水滴的过程需要快速利落。

内容延展

❶ 往一个水滴上不断滴水滴，观察它是如何变大的。

❷ 尝试将硅油纸换成吸水纸做对比，看看会有怎样的区别。

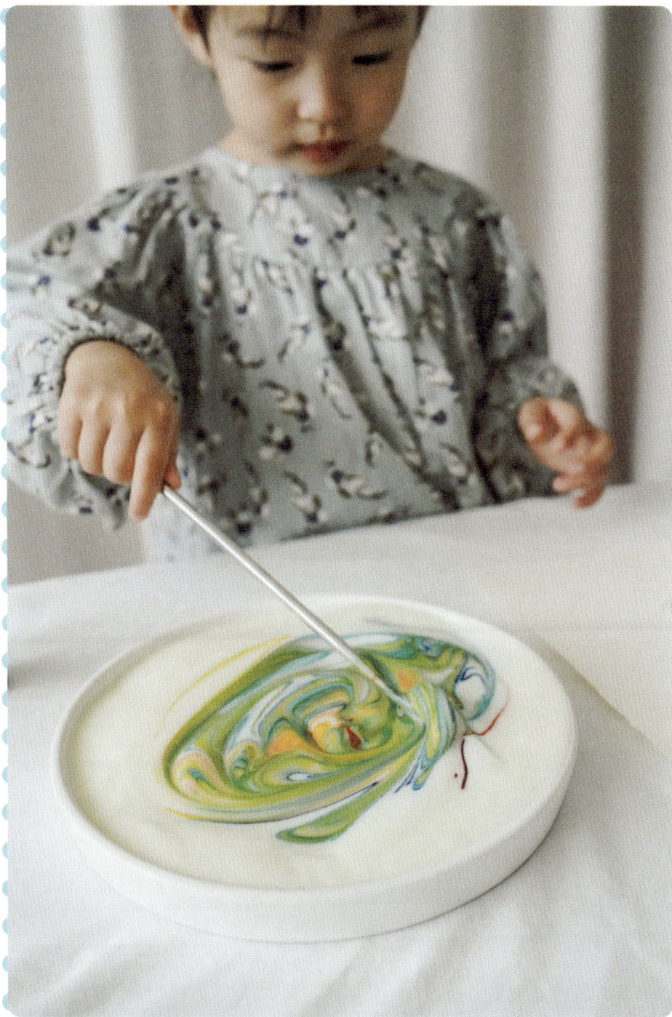

游戏29
酸奶涂鸦

● 游戏意义

使用食物作为游戏材料，很适合还未过口欲期的小月龄宝宝。酸奶略带黏稠、较为厚重的质地，混合食用色素后，在搅拌棒的作用下，会呈现出特殊的美感。在酸奶中涂鸦的过程，可以充分调动小朋友的感官体验，探索酸奶的质感，还可以进行颜色和混色的认知。

酸奶
托盘
食用色素
绘画工具
纸

① 在托盘中倒入一层酸奶，再在酸奶上滴几滴食用色素。

② 使用手或绘画工具，蘸取酸奶作为颜料，在纸上开始作画。

● 注意事项

本游戏以食物作为游戏材料，可尽量使用家中快过期的酸奶。在游戏开始前，可以预先和小朋友约定，在玩耍中是否可以吃酸奶。如果不想让小朋友将酸奶放入口中，可以选择气味较淡的原味无糖酸奶。食用色素也可以使用水果或蔬菜自制的天然色素代替。

内容延展　尝试多种绘画工具，观察它们在纸面上呈现的不同效果。

游戏30
蔬果涂鸦

● **游戏意义**

利用厨房里快过期的蔬菜瓜果，我们可以借此创作出美妙的作品。蔬菜瓜果是天然的印章，每一个都能印出独一无二的图案。在创作过程中，小朋友们可以认知蔬果、颜色、形状、大小以及表达自我，感受充满天然美感的印章艺术。

使用工具

手指画颜料

颜料盘

蔬菜瓜果

纸

游戏过程

1. 将蔬菜瓜果洗净，切出横截面。
2. 用蔬菜瓜果蘸取手指画颜料。
3. 再将其印在纸面上，开始创作。

注意事项

对于不方便抓握的蔬菜瓜果，可以使用叉子等辅助工具。

内容延展

1. 可以连续使用同一个印章，感受排列和重复的堆叠之美。
2. 尝试利用不同的蔬果，变换不同的拓印方式。

游戏31
泡泡纸涂鸦

● **游戏意义**

泡泡纸最大的特点就是表面有一颗颗圆形颗粒，利用这个特点，我们设计了这个有趣的过程艺术游戏。泡泡纸是触觉、听觉游戏的绝佳道具，除了揉捏之外，它还可以作为涂鸦工具，让小朋友们开启一场视觉艺术创作。

泡泡纸

滚筒状物品（如保鲜膜纸芯、卷纸纸芯、擀面杖等）

手指画颜料

大纸

调色盘

● 游戏过程

① 将泡泡纸剪成合适的大小，包裹住纸芯一周，并用胶水固定。

② 在调色盘中倒入颜料，用制作好的泡泡纸滚筒蘸取颜料，在纸面上滚动，观察颜料在纸面上留下的痕迹。

● 注意事项

艺术的创作，其过程远大于结果。创作过程中让小朋友自由发挥就好，不用有太多引导。

内容延展

① 泡泡纸可以变换成各种形状，试试把它剪成三角形、圆形、四边形等，并粘在积木上，再在纸面上进行拓印。

② 用简单的牛皮纸或者快递纸箱直接包装礼物，未免有些单调，可以试试利用这种方式制作礼物包装纸。

游戏32
冰棍涂鸦

● **游戏意义**

没有小朋友会拒绝用冰棍画画！五彩斑斓的冰格本身就充满了吸引力。正在融化的冰棍在纸上流淌出五颜六色的痕迹，非常有视觉冲击力。在涂涂画画中，小朋友可以认知颜色和混色，感受融化、冷热等物理认识。

● **使用工具**

带棍冰格

水

食用色素

纸

容器

● **游戏过程**

1. 在冰格中倒入适量的水和不同颜色的食用色素，搅拌均匀。冷冻制成彩色的冰棍。
2. 将冰棍取出，放在容器中。
3. 使用冰棍开始在纸上作画，观察冰块融化后在纸面上留下的美丽痕迹。

● **注意事项**

制作冰棍的时候，水不用倒太满，防止溢出冰格导致颜色混合。

内容延展

游戏可以一直持续到冰块完全融化，让小朋友体验冰块融化的全过程。最后的成品也可以等晾干后保存下来。

游戏33
三原色混色实验

● **游戏意义**

小朋友刚出生时，其视觉发育是从黑白开始的，而一旦他们进入彩色的世界，就会对各种各样的颜色产生好奇。认识颜色要从三原色开始，红、黄、蓝是构成这个缤纷世界的基础色，怎样才能让小朋友认识颜色的过程变得更有趣呢？我们设计了这个小游戏。通过水中混色的方式，小朋友可以自由探索三原色混色后的各种可能性。

化妆棉

可水洗水彩笔

碗

水

● **游戏过程**

1. 用可水洗水彩笔给三块化妆棉上色，分别涂上红、黄、蓝三种颜色。
2. 将红色化妆棉放入水中，观察颜色在水中的扩散。
3. 再将黄色化妆棉放入水中，观察红色和黄色在水中交融、形成新颜色的过程。

● **注意事项**

一定要选用颜色可溶于水的可水洗水彩笔。

内容延展

通过改变涂色面积来调整两种颜色的比例，试着探索不同比例对混色效果的影响，以调出更多的颜色！

游戏34
美纹蜘蛛网

● **游戏意义**

蜘蛛网的形状规则，有独特的几何美感。这个小游戏是用美纹纸和颜料画一张蜘蛛网。剪、粘、撕、涂色等动作可以锻炼小朋友手部的精细动作，对手、脑、眼的协调发展也很有好处。蜘蛛网的形状还可以启发小朋友对条纹、八边形等图形的观察和思考。

• 使用工具

美纹纸

彩色卡纸

剪刀

颜料

笔刷

• 游戏过程

1. 用美纹纸在卡纸上粘贴出蜘蛛网的形状。
2. 用卡纸剪出一只"蜘蛛"。
3. 将卡纸贴在窗户上，小朋友蘸取颜料，在卡纸上自由涂色。
4. 小心地撕去美纹纸，"蜘蛛网"便出现了！

• 注意事项

该游戏的难度需要和小朋友的年龄阶段相匹配。对于小月龄的宝宝，可以先从涂色部分开始。随着月龄的增加，可以让小朋友渐渐参与到粘贴、撕美纹纸、制作蜘蛛等环节。

内容延展

利用美纹纸的遮挡留白效果，发挥创造力，我们可以创作出更多条纹状的东西，如斑马、条纹状T恤、人行横道线、西瓜、条形码等。

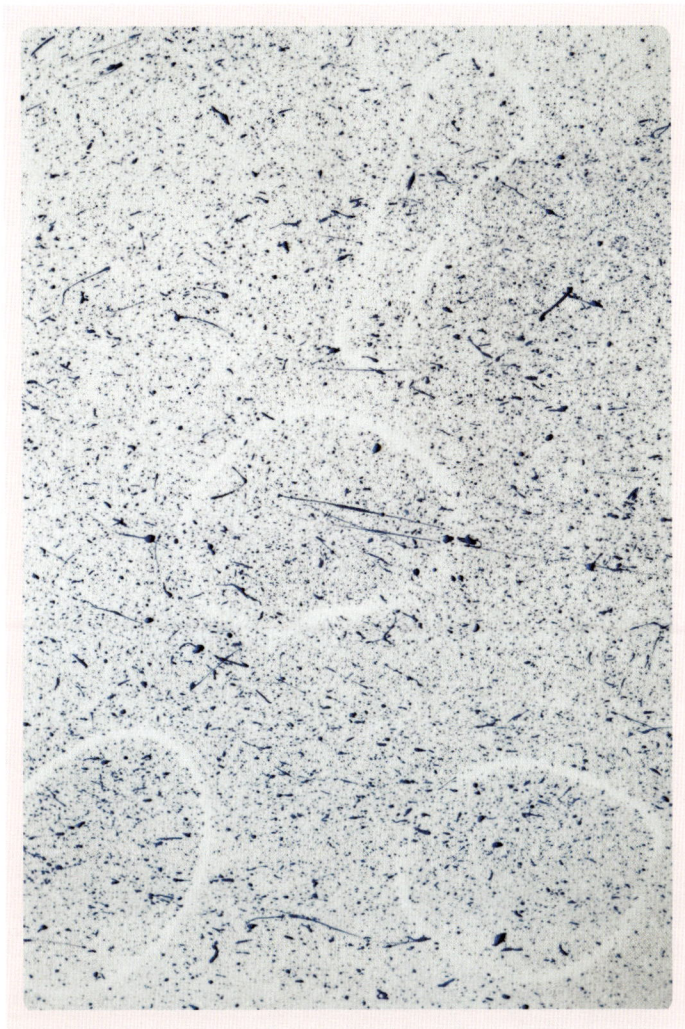

游戏35
飞溅肌理画

● 游戏意义

液体在纸面上泼洒、飞溅四射所形成的肌理，呈现出不规则的点状，有明显的方向性和速度感，呈现出独特的纹理。小朋友们对于液体飞溅的过程总是充满好奇，制造飞溅的过程也非常锻炼小朋友的精细动作能力。本游戏加入了橡皮筋作为点缀，揭开橡皮筋的那一刻，也让游戏充满了惊喜感。

● 使用工具

密齿梳

牙刷

橡皮筋

颜料

纸

● 游戏过程

1. 将橡皮筋随意摆在纸面上。
2. 用牙刷蘸取颜料，在梳齿表面摩擦，使颜料飞溅在纸面上。
3. 把橡皮筋拿开，观察颜料飞溅的肌理和橡皮筋在纸面上形成的图案。

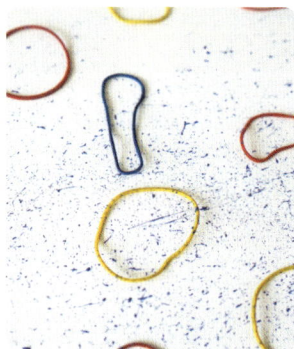

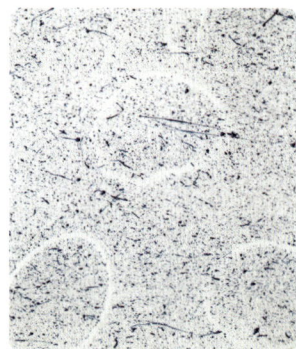

● 注意事项

梳子一定要选用密齿梳，牙刷和梳子摩擦时需要有一定的力度，小月龄的宝宝可以在家长的帮助下进行。

内容延展

试试用其他物品替换橡皮筋，比如形状各异的饼干烘焙模具等。

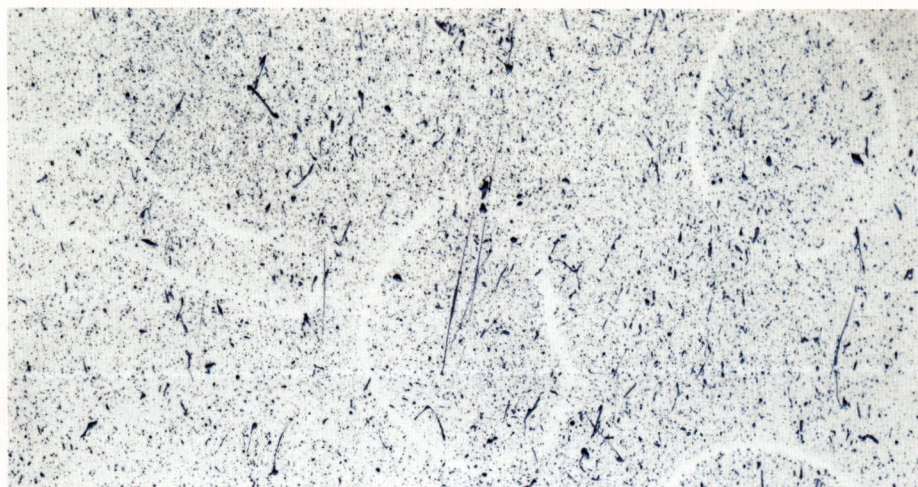

游戏36
彩色拼贴画

● **游戏意义**

拼贴作为一种随性的艺术形式，创作过程非常自由，无论是何种材质、元素，拼贴重组的结果往往既美妙又充满惊喜，非常适合三四岁左右、刚进入剪贴敏感期的小朋友，剪贴的过程也可以锻炼小朋友的精细动作和手眼协调的能力。

彩纸

白纸

固体胶

● **游戏过程**

❶ 用剪刀将彩纸剪成各种形状。

❷ 自由创作，用固体胶将各种形状的彩纸重新拼贴在白纸上。

● **注意事项**

请使用小朋友专用的安全剪刀。对于小月龄的宝宝，可以由家长先将拼贴元素剪好。

内容延展 尝试将拼贴用的元素变换成各种其他材质，如报纸、海报、日历、树叶、杂志等。

第2章

听觉之美

游戏37
橡皮筋琴弦

● **游戏意义**

音乐总是充满乐趣！用简单的橡皮筋和收纳盒就可以DIY一个"小吉他"，让我们一起DIY一个属于自己的弦乐器吧！努力用小手指弹拨"琴弦"，发出不同的音调，开启人生的第一堂音乐课吧。

● **使用工具**

橡皮筋

收纳盒

● **游戏过程**

① 将不同颜色的橡皮筋依次套在收纳盒上。

② 调整橡皮筋的间隔，使其均匀分布。

● **注意事项**

橡皮筋有一定的危险性，该游戏需要在家长的监护下进行。

内容延展

尝试改变收纳盒的大小、材质类型，如可以换成纸盒、玻璃盘等。比较一下，使用不同的收纳盒发出的声音有区别吗？

游戏38
电话游戏

● 游戏意义

传声筒是一个古老的、兼具实用性和趣味性的工具。用纸杯做一个传声筒，小朋友可以感受到固体传声的美妙。模拟打电话游戏的过程，亦可以培养小朋友的语言能力和想象力。

● **使用工具**

一次性纸杯

棉线

剪刀

● **游戏过程**

① 在纸杯底部用剪刀戳一个孔。

② 将棉线穿入孔中，留在杯内的那头打一个结。棉线
   另一端也依此方法穿入另一个纸杯。这样传声筒就制
   作完成了！

③ 两个人分别拿着传声筒的一边，将棉线拉直，一边的
   人对着纸杯口说话，另一边的人耳朵对着纸杯口，就
   可以听到声音了。

● **注意事项**

一定要将棉线拉紧才能听到声音；说话的时候要注意传声筒的密闭性，这样声音才
能清楚地传递。

内容延展

① 在不同环境下（室内、室外），试试传声筒的声音效果。

② 对于月龄大一些的宝宝，可以向他们解释依靠固体传递声波的原理。

游戏39
玻璃杯木琴

● 游戏意义

使用厨房中触手可得的工具，我们就可以做一个简易的家庭版木琴。
不同高度的水位可以产生不同音调的声音，小朋友在敲敲打打中可以
感受声音的美妙。

• 使用工具

水

玻璃杯

刀叉

• 游戏过程

① 将体量不一的水分别倒入玻璃杯中，不同的水量在杯中呈现出不同高度的梯度。

② 用叉子或筷子敲击每个玻璃杯，仔细聆听。

• 注意事项

还可以在水中加入食用色素，以增添游戏的趣味。

内容延展 按敲击声音调的高低，将装水的玻璃杯排成一排，弹奏出属于自己的旋律吧。

游戏40
做一个卡祖笛

● **游戏意义**

卡祖笛是一种极为特殊的乐器，它通过人声哼唱发出的声音，依靠自身的膜片和共鸣管的声音放大，发出嘶哑的音色，属于管乐器中的气鸣乐器。我们可以在家自制一个简易版的卡祖笛，感受这种古老乐器的魅力。

● 使用工具

纸芯（保鲜膜纸芯、卷纸纸芯等）

针

剪刀

橡皮筋

硅油纸

颜料（可选）

笔刷（可选）

● 游戏过程

① 将硅油纸剪成合适的大小，蒙在纸芯的一头，用橡皮筋固定。

② 用针在纸芯侧面戳几个小孔。

③ 使用颜料装饰这个"卡祖笛"，等待颜料完全干透。

④ 对着纸筒的另一头说话、唱歌，试着发出不同的声音。

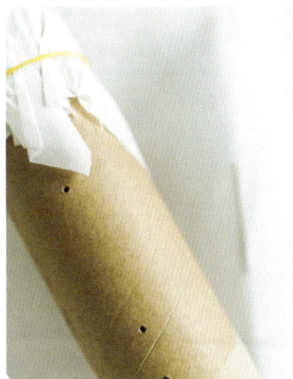

● 注意事项

戳孔等危险动作，需由家长来完成哦。

内容延展

对于月龄大一点的宝宝，可以向他们解释硅油纸震动发声的原理。还可以比较不同长短的纸筒发出声音有何不同，覆盖不同的膜（比如保鲜膜、蜡纸等），声音效果有何不同。

游戏41
做一个雨声筒

● **游戏意义**

雨声器最早是由阿芝特克人创造，是通过在干仙人掌中放入沙砾等小而坚硬的物品，以模拟下雨的声音。由于其模拟出的雨声还原度极高，雨声器常被用于舒缓身心，使听者感到平静放松。利用日常的材料，我们也可以在家自制一个简易的雨声筒，制作的过程，也可以很好地锻炼小朋友的精细动作、手臂力量和手眼协调能力。

• 使用工具

彩色米粒

矿泉水瓶

树枝

• 游戏过程

① 将适量彩色米粒和一两根树枝放入空的矿泉水瓶中，拧紧瓶盖。

② 拿起瓶子，摇晃，仔细聆听发出的沙沙声。

• 注意事项

拧开瓶盖、倒入米粒、放入树枝等动作都可以由宝宝来完成，家长起辅助的作用。

内容延展 伴随着雨声瓶的沙沙声，家长可以一起拍拍手，带领小朋友一起来跳舞吧。

游戏42
自然之声

● **游戏意义**

我们的周围充满了各种声音，但往往会被我们忽略。大自然就像一场奇妙的音乐会，有风吹树叶的沙沙声、清脆的鸟鸣声、热闹的蝉鸣声、雨滴落在花瓣上的滴答声……在"自然之声"这个游戏中我们只专注声音，仔细品味每一个声音，用耳朵去感受万物的生长和生命的力量，一起开启一场美妙的听觉之旅。

- **使用工具**

眼罩

- **游戏过程**

走进大自然，戴上眼罩，引导小朋友仔细倾听各种声音，并用语言描述出他们听到了什么声音。

- **注意事项**

在引导的过程中，对于4岁以下的小朋友，要避免过于抽象的引导方式，更多地以比较具体的方式去引导，比如提问：你能听到知了的叫声吗？能听到风吹树叶的沙沙声吗？你会模仿一下吗？

内容延展　随着小朋友年龄的增长，往后可以更多地关注他们的专注力，感受大自然的宁静和美妙。

第3章

触觉之美

游戏43
脚丫涂鸦

● **游戏意义**

脚，是常被遗忘的探索触觉感知的身体部位。"脚丫涂鸦"，看似是很简单的游戏，小朋友的创造力和艺术表达力却在小脚丫和颜料、纸的碰撞间油然而生。游戏还可以锻炼小朋友的感官认知能力（视觉、触觉）、观察力和颜色认知能力（色彩认知和混色）以及大运动能力（平衡力）等。

• 使用工具

大画纸

可水洗手指画颜料

调色盘（可选）

• 游戏过程

① 把颜料倒在纸上或者调色盘中。

② 用脚丫开始创作吧。

• 注意事项

① 颜色不需要很多，3种左右即可。少量的颜色可以让小朋友在这个过程中充分感受到混色的乐趣，也不会因为颜色过多而显得"脏脏"的。

② 注意小朋友有滑倒的风险。

内容延展

等颜料完全风干后，这张大纸可以作为一张包装纸使用，用来包装送给小朋友的礼物，是不是既美观又有意义呢？

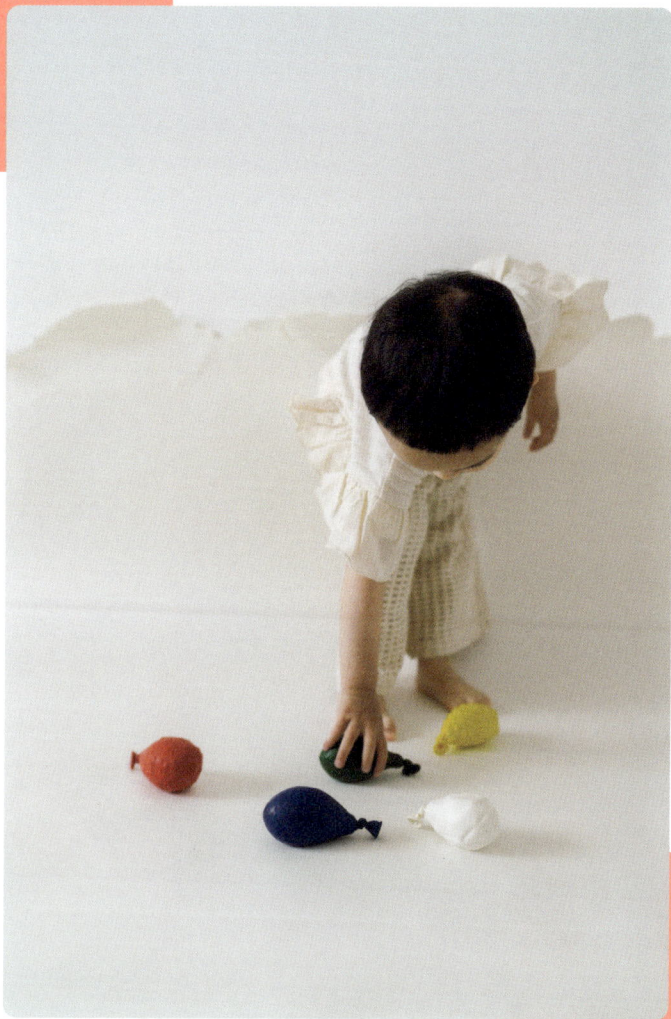

游戏44
触感气球

● **游戏意义**

"触感气球"是一个有趣且便于准备的游戏,小朋友需要发挥自己的触觉能力去探索、发现和实验。小朋友经常会抵触碰触某些物品,强迫他们去触碰的做法并不可取,但把这些东西放在气球里,再让小朋友去触碰,就是个不错的方法。猜测的过程也是奇妙的感官学习过程,同时家长在描述不同材质的特点时,小朋友的语言能力也得到了锻炼。

- **使用工具**

豆子、米等各种填充物

气球

- **游戏过程**

① 在气球中装入不同的填充物，再打结封口。

② 让小朋友用手摸一摸，再猜一猜每个气球里放的都是什么。

- **注意事项**

装豆子时可以使用漏斗，这样会更方便。

内容延展 尝试装入更多填充物，如水、沙子、盐、面粉、啫喱等。

还可以换成脚丫子试试看！

游戏45
彩虹米粒

● **游戏意义**

就和玩沙一样，玩米也是小朋友天性。彩虹米粒有明亮美丽的颜色，倾倒的时候会发出有趣的声音，触摸起来也有特别的颗粒质感。除了颜色的认知外，"彩虹米粒"游戏还可以锻炼小朋友的精细动作、专注力等，也是玩沙游戏绝佳的替代。

• 使用工具

米

食用色素

保鲜袋

一次性手套

• 游戏过程

① 在保鲜袋中倒入适量的米，再滴入几滴食用色素。

② 戴上一次性手套，抓握、搅拌米粒和色素，使米粒充分上色。

③ 将染好颜色的米分层放入大容器中。

• 注意事项

为防止小朋友将米粒放入口鼻，该游戏需要在家长的监护下进行。

内容延展

拓展更多的玩法：挖掘、过家家、加入一些沙滩玩具或拼图，或者在米粒中写字画画、寻找藏在米粒下的"小宝藏"……

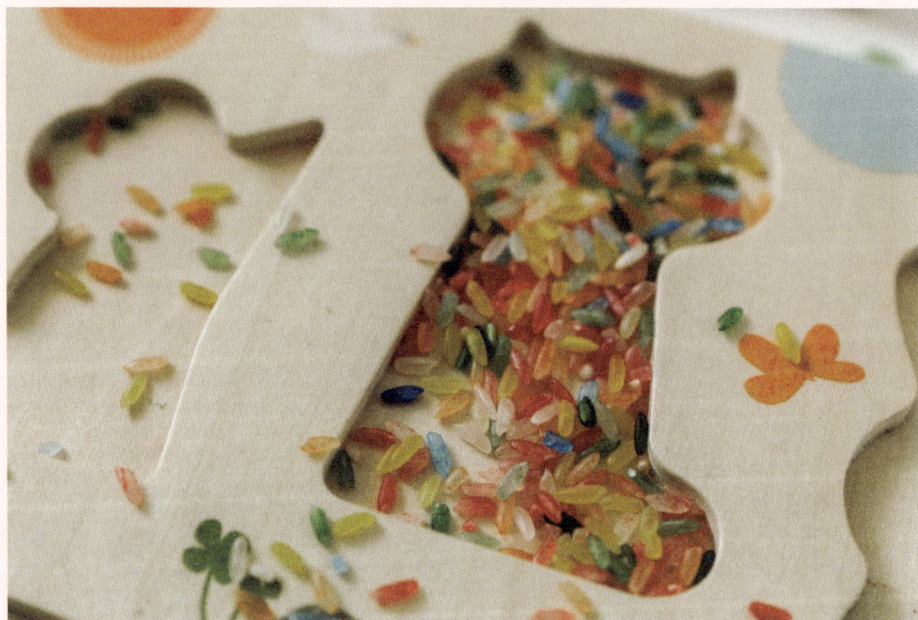

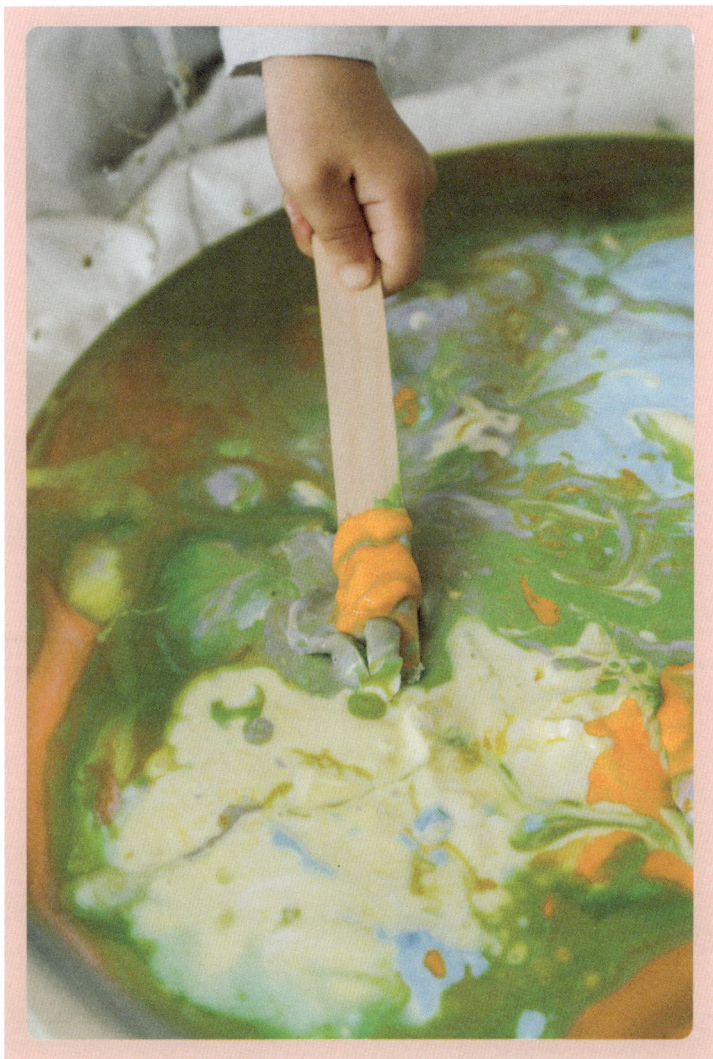

游戏46
神奇的欧不裂

● 游戏意义

欧不裂（Oobleck），是一种非牛顿流体，它无法划分液体和固体。其最大的特色就是它的黏性会随着瞬压力的大小而改变。如果慢慢地对它施压，它会表现得像正常的液体一样，但若突然用力，它则会非常抗拒压力，变得更像固体。这么神奇的物质，使用厨房里触手可得的物件就可以做出来，一起来开启这场无比奇妙的触觉体验吧。

● **使用工具**

玉米淀粉

食用色素

水

容器

木棍

● **游戏过程**

❶ 在水中滴入食用色素，充分搅拌。

❷ 将玉米淀粉倒入碗中，与步骤1中的水混合，比例大约为
　　2：1，搅拌调制成欧不裂的状态。

❸ 重复以上步骤制作不同颜色的欧不裂，分别倒入容器中。

❹ 用小手或者木棍等工具开始探索这种神奇物质吧。

● **注意事项**

❶ 制作欧不裂时，如果敲击混合物后无法形成固体，说明太稀，可加入更多玉米淀粉；如果
　混合物无法像液体一样滴落，可加入更多水。通过不断尝试，使欧不裂达到理想状态。

❷ 游戏结束之后，为防止水管堵塞，将欧不裂直接倒入垃圾桶即可。

内容延展　对于月龄大一些的宝宝，可以向他们解释压力变化引起材料特性改
变的原理。

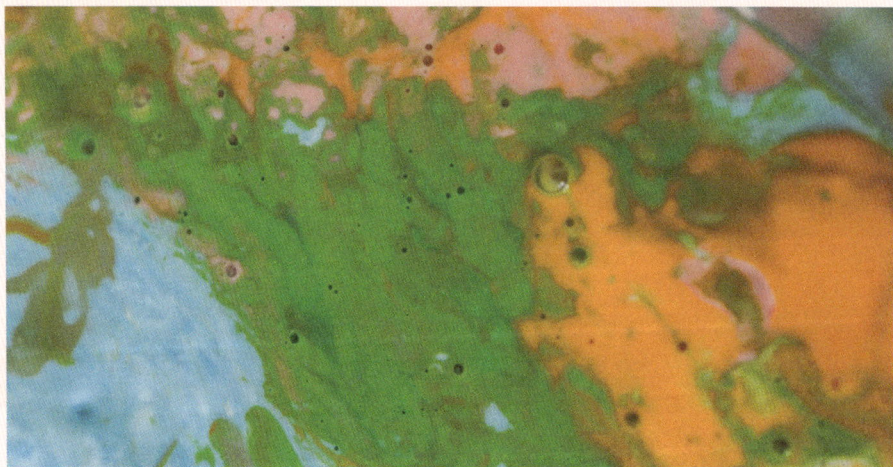

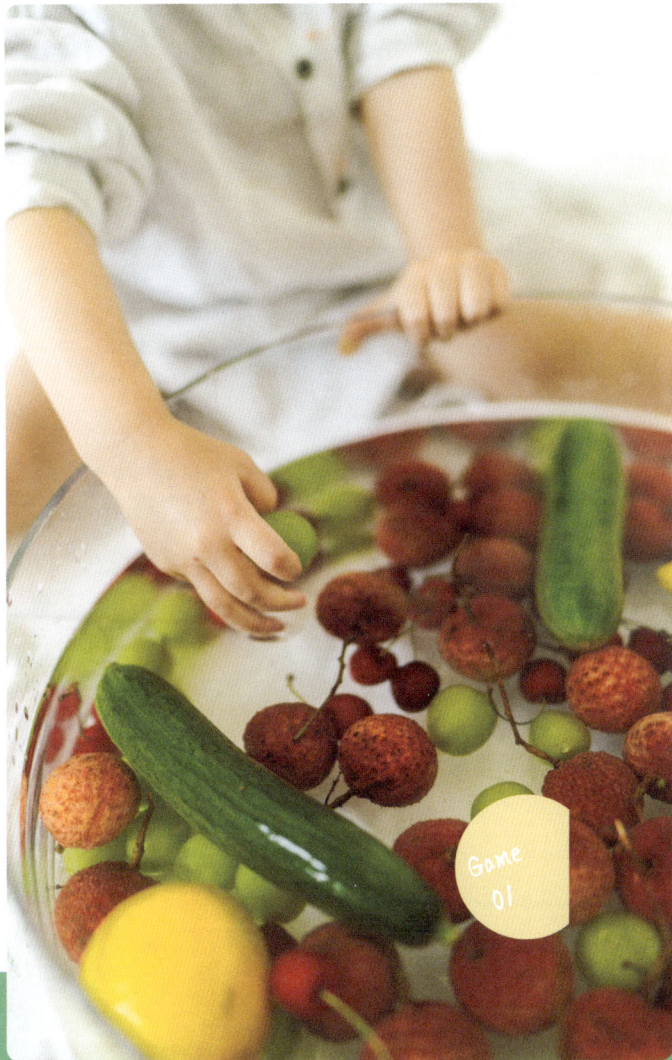

游戏47
水果感官盆

● **游戏意义**

这是一个适合全年龄段小朋友的游戏。小朋友可以充分调动自己的五感（视觉、听觉、触觉、嗅觉、味觉）自由探索各种水果，即使拿到口中尝一下也没问题。在玩耍的过程中，家长和小朋友可以描述这些水果，描述自己看到的颜色、闻到的气味等，这样小朋友的语言能力也在交谈中得到了锻炼。空气中飘散着水果的清香，整个游戏过程轻松而美妙。

● 游戏过程

水

① 把水果清洗干净，放到盛了水的容器中。

水果

② 开始探索眼前的水果世界吧。

容器

● 注意事项

某些水果可能会引起过敏，家长需要帮小朋友提前做好筛选。

内容延展

可以把水果切开，让小朋友充分观察不同水果的特点，内部的纹理、形状、香气等。聊一聊这些水果都是什么味道，什么水果感觉更好吃。

游戏48
黑盒子水

● **游戏意义**

这是一个充分调动小朋友好奇心的"盲盒"游戏。在神秘的"黑水"中，小朋友充分利用小手的触觉感官，慢慢探索辨别物体的特性。

• **使用工具**

墨汁

水

容器（碗、盆等）

各种物品（玩具、水果、日常杂物等）

• **游戏过程**

① 将小朋友熟悉的物品放入水中。

② 倒入适量墨汁在水中，使水变成黑色。

③ 请小朋友把小手伸入"黑水"中，猜猜摸到的是什么。

• **注意事项**

选择材质密度较大、可以沉入水底的物品，避免选择会浮在水面的物品。

内容延展 对于语言能力较成熟的宝宝，摸到物品时，可以先用语言形容一下这个物品的形状和材质特点。

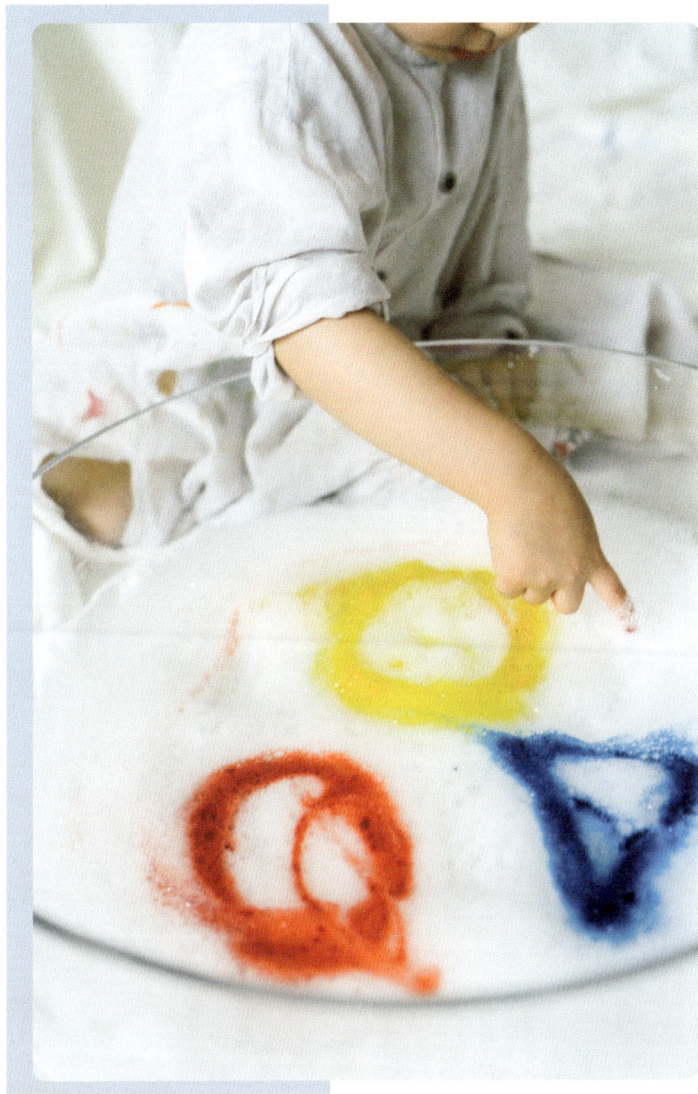

游戏49
彩虹泡泡

● **游戏意义**

泡泡绵密的触感让小朋友欲罢不能。加入色素之后，它可以是一场触觉、视觉感官游戏，也可以是一个混色艺术创作游戏。搅拌、混合……双手沾满泡泡，感受开放式游戏的魅力，自由探索与玩耍。

- **使用工具**

起泡型洗手液或沐浴露

食用色素

容器（水缸、收纳盒等）

小工具（木棍等）

- **游戏过程**

① 按压洗手液或沐浴露，将泡泡挤入容器中。

② 滴入几滴食用色素。

③ 双手放入泡泡中感受其绵密的触感，利用手边的工
具玩耍。

- **注意事项**

为确保安全，这个游戏适合已经过了口欲期的宝宝。需要选择无泪配方的洗手液或沐浴露。如果没有现成的起泡型洗手液或沐浴露，也可以自己加水自制泡泡。在玩耍的过程中，需要提醒小朋友泡泡不能入眼或入口。

内容延展

发挥想象力，探索彩虹泡泡的更多玩法：混色、找动物（将动物模型藏在泡沫底部）、开汽车（让汽车模型在泡沫中穿梭），或是给小动物们洗个澡等。

游戏50
黏黏的隐形墙

● **游戏意义**

小朋友对于黏黏的质地很感兴趣。简单的粘贴动作，就可以让学步期的小宝宝专注很久。把东西粘上去再撕下来，可以很好地锻炼精细动作、手眼协调能力和耐心，加入小宝宝平时最爱的玩具，探索的过程也是发挥创造力的过程。

• **使用工具**

A4大小的双面胶

粘贴物（绒球、纽扣、积木、动物模型等）

• **游戏过程**

将双面胶粘在门框或两根柱子之间，形成一面"隐形墙"。拿出可以粘贴的小物件，在"墙"上开始创作吧。

• **注意事项**

❶ 这面"墙"需要足够低矮，这样小朋友可以用比较舒服的姿势够得到。

❷ 在游戏开始时，小朋友需要时间去熟悉"黏"的感觉。对于小月龄的宝宝，家长可以示范如何把物品粘贴到"墙"上。

内容延展

❶ 对于大月龄的宝宝，以这面"墙"为画布，讲讲这幅画中的故事。

❷ 在游戏中加入颜色认知环节，比如"把红色的东西撕下来吧"，或者"只留下红色的东西"。

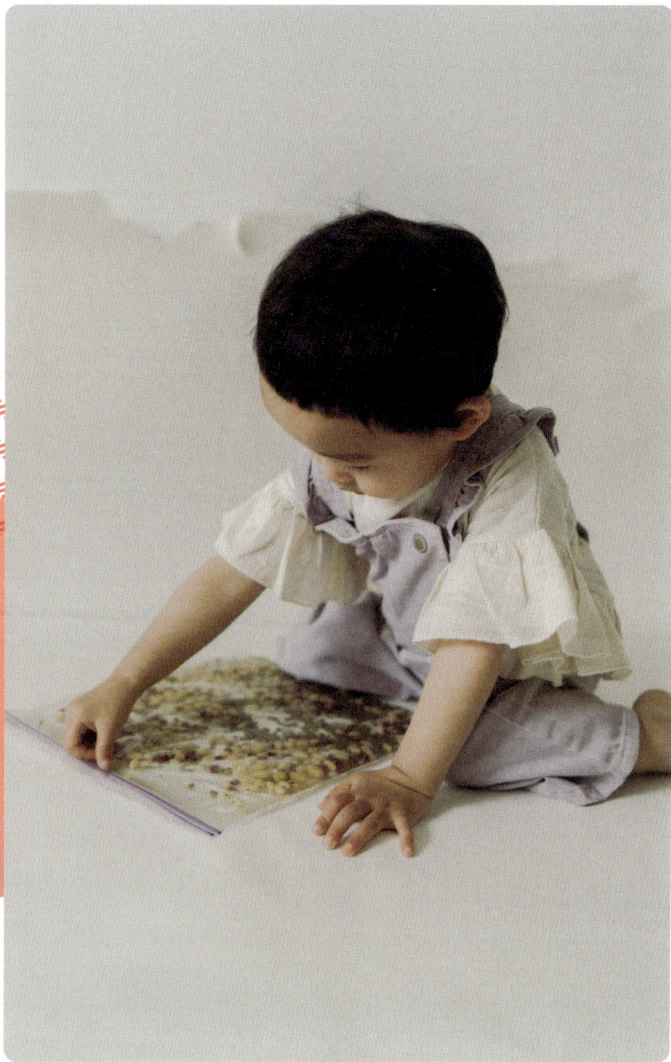

游戏51
豆子感官袋

● **游戏意义**

小朋友天生喜欢颗粒状的微小事物，其中豆子就是一种绝佳的触觉体验工具。有些小朋友可能不愿意直接用手接触豆子，那使用感官袋就是很好的解决办法。同时对于还处在口欲期的小月龄宝宝而言，使用感官袋也会使游戏更加安全。让小朋友尽情体验在手、脚等不同部位的接触下，形状、大小各异的颗粒物带给肌肤的触觉体验吧。

- **使用工具**

密封保鲜袋

水

各种豆子

- **游戏过程**

① 根据密封袋的大小，往里倒入适量的豆子与水。

② 确保保鲜袋已经密封好，用双手开始探索吧！仔细
   观察，你会发现在小手指的按压之下，豆子可以在水
   中跳舞！

- **注意事项**

① 豆子和水都需要适量，以豆子和水可在密封袋中自由游动为佳。

② 密封过程需有家长陪同，防止宝宝误食。

内容延展 在体验过程中，让宝宝尝试用身体的不同部位接触豆子，手脚
并用会更有趣味。

游戏52
彩虹冰块

● **游戏意义**

感官游戏是非框架性的，具有开放性，其中"彩虹冰块"是最纯正的探索感知游戏。冰块是绝佳的感官游戏材料，通过触摸冰块，小朋友可以感知冷热、干湿、软硬、光滑与粗糙……通过描述这些特点，小朋友的语言能力也能得到提升。小朋友玩冰的过程，亦是探索和发挥想象力的过程。

- **使用工具**

水
食用色素
冰格
托盘

- **游戏过程**

① 将水倒入冰格中，再滴入不同颜色的食用色素并搅拌均匀。

② 放入冰箱冷冻。冰块制成后，倒入托盘中。用双手去触碰彩虹冰块，开始探索吧。

- **注意事项**

也可以用果汁代替食用色素。

内容延展

在玩冰块的过程中，引导小朋友感知冰块的特性。可以尝试用冰块画画，也可以把冰块放入热水中，观察其慢慢融化的过程。

第4章

嗅觉和味觉之美

游戏53
在家的气味图书馆

● **游戏意义**

我们都要呼吸，所以嗅觉是最自由、最"无孔不入"的感官，它无处不在，却又常常被我们忽略。美好的嗅觉刺激会带给我们愉悦幸福的生动记忆，让小朋友感受到嗅觉之美。

● **使用工具**

家里各种有气味的物品
眼罩

● **游戏过程**

1. 收集家中各种有气味的物品如水果（柑橘、榴莲等）、蔬菜（洋葱、大蒜等）、调味品香料（醋、百里香、迷迭香、欧芹、肉桂、芥末等）、食品（茶叶、咖啡豆、酒等）、生活用品（香水、牙膏、护肤乳液、精油、香皂等）等。

2. 小朋友戴上眼罩，闻一闻，说一说这个物品是什么。找出自己喜欢的气味。

● **注意事项**

注意有些物品可能会导致过敏。

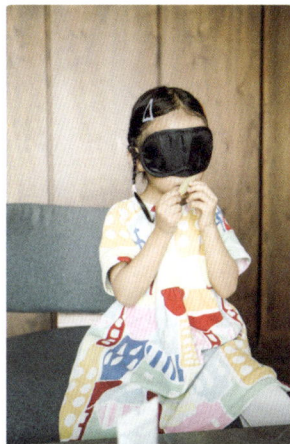

内容延展

引导小朋友尝试用各种词汇来形容这些气味，比如浓烈、臭、清醒、酸甜、芳香等。

游戏54
DIY香气瓶

● **游戏意义**

挑选喜欢的花，做成魔法香气瓶，留住它的花香，过程既简单又治愈。制作香气瓶的过程中，小朋友可以锻炼小手的精细动作技能，发挥创造力，感受芳香气味的美妙，拥有一场奇妙的嗅觉之旅。

- **使用工具**

研钵

水

嗅觉瓶

- **游戏过程**

① 在大自然中收集散发出自己喜欢味道的植物。

② 把收集来的植物用剪刀剪碎，放入研钵里，再碾碎、捣碎。

③ 加入适量水，搅拌水和植物汁液，使其混合。

④ 将混合后的汁液倒入嗅觉瓶中，再放入少量植物。闻一闻自己制作的香气吧。

- **注意事项**

加水要注意适量，避免水太多稀释香气。

内容延展

① 不只是植物，我们还可以尝试更多制作香气的原料，比如橘子皮、柚子皮等。

② 如果想要更加好看的视觉效果，还可以加入色素。

③ 一起探讨：不同种类的植物制作出的香气浓度有什么区别？

④ 一起探讨：不同处理方式（比如剪碎和研磨）下制作的香气浓度有什么区别？

游戏55
闻闻大自然

● 游戏意义

大自然是体验感知五感最好的场所，小朋友们都爱捡树叶、捡树枝，但自然环境中的气味却常常被我们忽略。花香、树叶香、雨后的泥土气息……大自然中的气味十分丰富，让我们用鼻子来进行一场自然之美的探索之旅吧。

• **使用工具**

纸杯
塑料纸

• **游戏过程**

1 带上用塑料纸盖住的纸杯，来到大自然。
2 寻找喜欢的自然材料，如树叶、树皮、花朵、果子、果皮，甚至是泥土、虫子……放入纸杯中，一个"嗅探杯"就制作完成了。
3 尝试用鼻子闻一闻"嗅探杯"中大自然的气味吧。

• **注意事项**

1 为了有更好的嗅觉体验，可以戴上眼罩。
2 在引导探索的过程中，多关注细节，多给小朋友一些探索空间（比如适当留白，不轻易打断小朋友的专注过程），多进行一些开放式提问（比如：这是一种怎样的气味？）

内容延展

在不同的季节和天气情况下，多次进行这个活动，会有不一样的感受和体验。

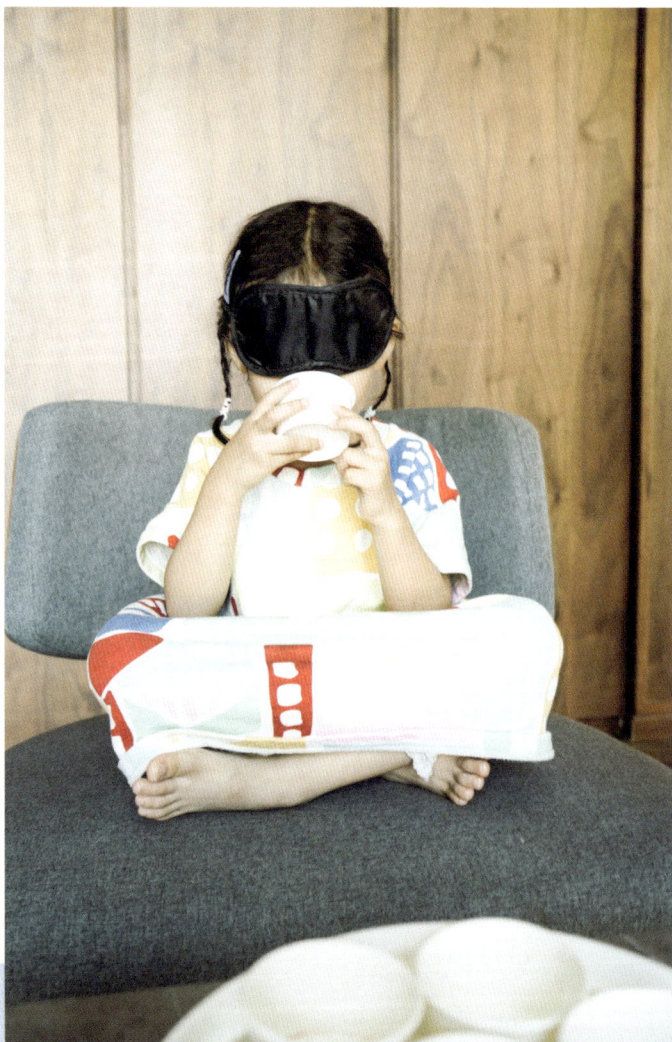

游戏56
尝尝不同的味道

● **游戏意义**

食物有各种各样的味道，但大多由酸、甜、苦、辣、咸五味组成。在未知的情况下，把不同的食物放入口中着实需要勇气，当然也可以满足小朋友大大的好奇心。感受味觉之美，用舌尖上的味蕾来进行一场充满未知的探险吧。

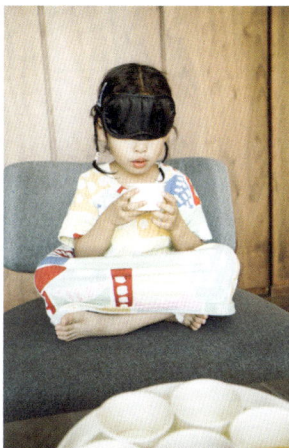

- **使用工具**

一次性纸碗或纸杯

各种味道的食材

眼罩

- **游戏过程**

① 准备酸、甜、苦、辣、咸等口味的食材，比如柠檬、
冰糖、苦瓜、辣椒、盐、果汁、柠檬水、生菜等。将
不同食材分别放入纸杯中，制作成"味觉瓶"。

② 请小朋友戴上眼罩，逐一尝试各种食材，体味不同
食物的味觉，并猜一猜是什么食物。

- **注意事项**

注意游戏中可能会出现食物过敏的情况哦。

内容延展

① 引导小朋友用自己的语言形容不同的味道。

② 在尝试这些味道之后，试着去创造新的味道，比如把酸和甜混合
（如将冰糖加入柠檬水中），一起分享自己"创造"的美味吧。

第5章
运动之美

（扫码看电子章节）

游戏 57
胶带游戏

游戏 58
婴幼儿瑜伽

游戏 59
遥控舞

游戏 60
粉刷舞

游戏 61
动物舞

游戏 62
跟着鼓点跳

游戏 63
落踢气球

第6章

自然之美

游戏 64
自然物涂鸦

游戏 65
大自然手环

游戏 66
树叶拓印画

游戏 67
水中花

游戏 68
冰中花

游戏 69
大自然感官盒

游戏 70
树叶打孔

游戏 71
大自然花环

游戏 72
万物皆有"眼"

第7章
语言之美

（扫码看电子章节）

游戏 73
模仿发声游戏

游戏 74
讲故事

游戏 75
手偶游戏

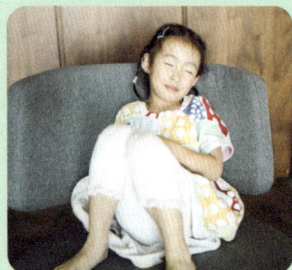

游戏 76
戏剧游戏一：认识情绪和表达情绪

游戏 77
戏剧游戏二：如果我是一只动物

游戏 78
戏剧游戏三：想象我在一个地方（以海洋馆为例）

游戏 79
戏剧游戏四：机器人

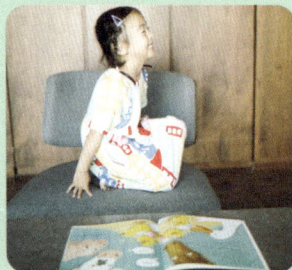

游戏 80
戏剧游戏五：一个故事